Jay E. Adams

Miteinander reden können

Zwischenmenschliche Konflikte
und ihre Lösung

Auszug aus:
Jay E. Adams, Befreiende Seelsorge,
Grundlagen biblischer Lebensberatung,
Christsein auch zu Hause

4. Auflage 1998

© 1991 Brunnen Verlag Gießen
Umschlagfoto: Creativ Collection, Freiburg
Umschlaggestaltung: Ralf Simon
Herstellung: St.-Johannis-Druckerei, Lahr
ISBN 3-7655-5163-5

„Ich sehe keine Probleme!"

Frau F. hat ihren Mann ins Beratungszimmer geschleppt. Nun erklärt sie, welch großes Problem sich zwischen beide geschoben hat. Als sie fertig ist, wendet sich der Berater an ihren Mann: „Können Sie jetzt bitte die Situation aus Ihrer Sicht darstellen?"
Die Antwort klingt nach dem Klagelied von Frau F. unglaublich: „Ich weiß, daß meine Frau sehr aufgebracht ist. Aber im Grunde gibt es gar keine Probleme zwischen uns."
„Sie sehen keine Probleme?"
„Ehrlich gesagt, nein. Ich kam nur hierher, um meine Frau zufriedenzustellen. Eine Beratung ist überflüssig. Ich hoffe, Sie können ihr das klarmachen."
„Aber Herr F.", fährt der Berater fort, „Ihre Frau sagt, sie sei nicht sicher, ob sie von Ihnen noch geliebt wird. Meinen Sie nicht, dem müßte man nachgehen?"
„Nein. Ich liebe meine Frau, und sie weiß es auch. Es gibt wirklich kein Problem."
„Zweifeln Sie immer noch an seiner Liebe, Frau F.?"
„Ja. – Nichts in unserer Ehe ist in Ordnung. Und wenn nicht in allernächster Zeit etwas geschieht, ist die Katastrophe da."

Wie kommt es, daß zwei Menschen ihre Ehesituation so verschieden beurteilen? Gewiß, manchmal will einer der Beteiligten (häufig der Mann) aus Stolz, Furcht oder Verlegenheit die Beratung umgehen, auch wenn er genau weiß, daß es schwerwiegende ungelöste Probleme gibt. Hin und wieder sind aber die Ansichten wirklich völlig verschieden. Wenn Ehepartner nicht gelernt haben, sich in die Bedürfnisse des andern einzufühlen, können sie bis fünf Minuten vor zwölf der ehrlichen Meinung sein, es gebe keine Probleme in ihrer Ehe.

Herr und Frau M. waren zu einem Beratungsgespräch erschienen, das sie voller Bitterkeit eröffnete: „Ich weiß genau, daß mein Mann mich hintergeht; er hat einen großen Teil seines Überstundengeldes für sich behalten. Ich kann mir schon denken, was er damit gemacht hat."
Der Berater wandte sich an ihren Mann: „Herr M., wo ist das Geld geblieben? Haben Sie es wirklich auf die Seite geschafft?"
Herr M. zog seine Brieftasche hervor, faßte in ein verborgenes Fach und knallte die Geldscheine auf den Tisch: „Alles da! Ich wollte meiner Frau damit zu unserem Hochzeitstag eine Freude machen."
Auch in dieser Ehe fehlte es an der nötigen Kommunikation. Aufgrund eines totalen Mißverständnisses war Frau M. bereit gewesen, sich von ihrem Mann scheiden zu lassen. Sie hatte ihre düsteren Gedanken aber für sich behalten. Das Problem wäre zweifellos gar nicht entstanden, wenn die Kommunikation zwischen beiden nicht derart miserabel gewesen wäre.

Von der Schwierigkeit, offen zueinander zu sein

Soziologen, Politiker, Eheberater und andere stimmen heute in einem überein: in ihrer Forderung nach echter Kommunikation. Nachrichtensatelliten umkreisen die Erde, Fernschreiber rattern, und selbst die ärmsten Familien nehmen durch Transistorempfänger und Fernseher am Weltgeschehen teil. Die wichtigste Kommunikation aber, nämlich die Begegnung von Mensch zu Mensch, war wohl noch nie so oberflächlich, so unecht und unbefriedigend. Warum tun wir uns so schwer, offen miteinander umzugehen?

Das ewig neue alte Problem

Alle Probleme, die wir mit dem offenen Gespräch haben, begannen im Garten Eden. Gott gab dem Menschen das Geschenk der Sprache. Täglich kam Gott in der Abendkühle und sprach mit dem Menschen. So erzählt die Bibel. Als Adam und Eva sündigten, brach jedoch die Kommunikation mit Gott und miteinander ab. Die Menschen versteckten sich, als sie die Schritte Gottes im Garten hörten, und als er sie schließlich aufstöberte, hatten sie sich Schurze aus Blättern gemacht. Der Mensch hatte versucht, selbst mit seinen Problemen fertig zu werden, und machte dadurch alles nur noch schlimmer.

Gott sprach zu Adam und zwang ihn dadurch, sich mit dem Problem auseinanderzusetzen. Doch auch auf die direkte Frage Gottes hin versuchte Adam, die Schuld abzuschieben: „Die Frau, die *du* mir zugesellt hast..."

Gott wandte sich an die Frau. Aber auch sie schob die Verantwortung von sich: „Die *Schlange* hat mich verführt."

Weder Adam noch Eva waren bereit, persönlich die Verantwortung für ihre Schuld auf sich zu nehmen. Statt dessen versuchten beide, sich zu rechtfertigen. Ein offenes Gespräch war nicht mehr möglich.

Der Zusammenbruch der Kommunikation ist ein sehr schwerwiegendes Problem. Sein Merkmal ist die Trennung voneinander. Beim Turmbau zu Babel (1. Mose 11) wurden die Menschen dadurch über die ganze Erde zerstreut, daß sie die Fähigkeit verloren, miteinander zu reden. Kommunikation ist das Verbindungsmedium zwischen den Menschen. Zwischenmenschliche Probleme können nur durch Kommunikation gelöst werden, und wo es Schwierigkeiten zwischen Menschen gibt, leidet auch immer die Kommunikation. Das Dilemma besteht aber gerade darin, daß diejenigen, deren Kommunikation gestört ist, miteinander reden müssen, um ihre Kommunikationsprobleme zu lösen. In der Regel brauchen sie deshalb die Hilfe eines Dritten, um das Gespräch wiederaufzunehmen. Allerdings möchte ich schon an dieser Stelle darauf hinweisen, daß die Grundlage für jede Wiederherstellung der Kommunikation die Versöhnung mit Gott durch Jesus Christus ist. Das Gespräch, auf das es ankommt, muß auf Liebe und Wahrheit gegründet sein. Diese Liebe gibt es nur im Bereich der Wahrheit Gottes. Nur Wahrheit, die miteinander geteilt, mitgeteilt und geglaubt wird von allen Beteiligten, kann Grundlage echter Kommunikation sein. Erst wenn die Vertrauenskrise zwischen Gott und Mensch überwunden ist, kann die Krise zwischen Mensch und Mensch überwunden werden. Als Gott seinen Sohn sandte, überbrückte er die Kluft und ermöglichte die Kommunikation mit ihm.

Die Wahrheit reden

Paulus sagt in Epheser 4,25: „Darum legt die Lüge ab und redet die Wahrheit, ein jeder mit seinem Nächsten..."

Herr B. kam allein zur Beratung. Er hatte jede Unterhaltung mit unserer Sekretärin abgelehnt und sich auch geweigert, vor der Beratung die Fragen auf dem üblichen Personalblatt zu beantworten. Während der ersten Hälfte der Sitzung war ihm kein einziges Wort zu entlocken. Schließlich gab ihm der Berater zu verstehen: „Manch einer auf unserer Warteliste wäre froh, wenn er an Ihrer Stelle drankäme. Wenn Sie es nicht ernst meinen, dürfen wir nicht die Zeit vergeuden. Wollen Sie nun mit der Sprache heraus?"
Daraufhin machte Herr B. endlich den Mund auf: „Man hat mich mit Schocks behandelt, und ich bin in einer psychiatrischen Klinik gewesen. Alles mögliche soll mit mir nicht in Ordnung sein, aber in Wirklichkeit ist nur eins nicht in Ordnung, und ich weiß ganz genau, was das ist. Ich quäle mich seit 22 Jahren damit herum und habe noch zu keiner Menschenseele darüber gesprochen: Als ich heiratete, geschah das nicht auf meinen Wunsch hin. Meine Mutter bestand darauf. Das ist der einzige Grund, weshalb ich meine Frau geheiratet habe. Seither bin ich nicht einen Tag mehr glücklich gewesen."
Jedesmal wenn Herr B. das Badezimmer betrat und feststellte, daß die Zahnpastatube wieder nicht zugeschraubt war, packte ihn die Wut. Er bekam einen Tobsuchtsanfall oder Depressionen. Er dachte dann nicht: „Aha, die Tube ist nicht zu", sondern das einzige, was er denken konnte, war: „Schon wieder dieses Weib!"
In Dutzenden von ähnlichen kleinen Begebenheiten kam sein Haß gegen seine Frau und seine Ehe zum Ausdruck.
Der Berater erklärte ihm, daß Wahrhaftigkeit die Voraussetzung für ein glückliches und harmonisches Familienleben ist, und riet ihm, seiner Frau die Wahrheit zu sagen. Anschließend schickte er ihn mit der Anweisung nach Hause, ein offenes Gespräch mit seiner Frau zu führen. „Kommen Sie nicht eher wieder, bis Sie mit ihr gesprochen haben", schärfte er ihm ein.

Beim nächsten Mal kam er nicht allein. Seine Frau begleitete ihn. Das Problem wurde gemeinsam angepackt, und drei Wochen später konnten sie aus der Beratung entlassen werden. Sie machten jetzt den Eindruck eines jungverheirateten Paares. Nachdem die Wahrheit heraus war und sie – nach dem ersten Schock – angefangen hatten, sich nach Gottes Geboten zu richten, war für sie eine gänzlich neue Lage entstanden. Ihre Ehe war bis dahin auf Unwahrhaftigkeit aufgebaut. Im Aussprechen der Wahrheit war ihnen geholfen worden.
Vielleicht ähneln Sie Herrn B. Vielleicht behalten auch Sie manche Dinge für sich. Ob das der Fall ist, wissen Sie selbst. Aber Sie wissen auch, daß es unbeantwortete Fragen gibt, die ein offenes Miteinander zwischen Ihnen und Ihrer Familie unmöglich machen. Eiserne Keile sind zwischen Sie getrieben worden, und viele davon haben im Lauf der Zeit Rost angesetzt. Niemand hat bisher etwas dagegen unternommen, und vielleicht haben Sie gemeint, das sei sowieso sinnlos. Aber wie können Sie erwarten, eine gute Ehe zu führen, wenn Lügen die offene Begegnung unmöglich machen? Wenn Sie es aber ernst mit Gott meinen, ist eine harmonische Ehe keine Illusion. Ausgangsposition für Ihre Ehe sollte sein, „die Wahrheit in Liebe zu reden".

Ein Gespräch gründlich vorbereiten

Georg ist ziemlich durcheinander. Er und seine Frau stehen sich seit einiger Zeit wie Hund und Katz gegenüber. Den ganzen Tag über hat Georg sich bei der Arbeit die Sache durch den Kopf gehen lassen und darüber gebetet. Er hat sich nun entschlossen, am Abend endlich etwas dagegen zu unternehmen. Kaum heimgekommen, geht er zu seiner Frau und sagt: „Yvonne, diese Schwierigkeiten, die wir da in der letzten Zeit hatten..."
Bevor er ein weiteres Wort sagen kann, gibt sie zurück: „Ja-

wohl! Ich will *dir* einmal etwas sagen über diese Schwierigkeiten. Wenn du so weitermachst, wie du es bisher getrieben hast, kann ich dir garantieren, daß diese Schwierigkeiten nichts sind verglichen mit denen, die wir noch haben werden!"

Verärgert verzieht er sich ins Wohnzimmer, dreht den Fernseher an, wirft sich in einen Polstersessel und versteckt sich hinter der Zeitung. „Es hat doch keinen Zweck! Da versuche ich, anständig mit ihr zu reden, und sie benimmt sich dermaßen unmöglich."

In der Küche regt sich unterdessen bei Yvonne das Gewissen. Sie bereut ihre Schroffheit und geht ins Wohnzimmer, um sich zu entschuldigen.

„Georg", fängt sie an, „als du heute zur Tür hereinkamst..."

Georg wirft die Zeitung zu Boden, blickt sie scharf an und schreit: „Ich sage dir, daß ich nicht noch einmal auf diese Weise daheim empfangen werden will, sonst komme ich überhaupt nicht mehr nach Hause!"

Yvonne dreht sich auf dem Absatz um und sagt zu sich, während sie verbissen in der Pfanne rührt: „Es hat doch keinen Zweck!"

Wenn man die Sache falsch anpackt, kann sogar der Versuch einer Versöhnung die Kluft vertiefen. Es ist deshalb manchmal hilfreich, während einer Probe oder eines Rollenspiels einige der möglichen Reaktionen des Partners zu veranschaulichen und sich darauf einzustellen.

Splitter und Balken

In den meisten Fällen von Ehezerrüttung beschuldigen die Männer ihre Frauen, und die Frauen klagen ihre Männer an. Gewöhnlich haben beide sehr viel Schuld auf sich geladen. Mit gegenseitigen Vorwürfen kommt man jedoch nicht weiter.

Ein sicheres Mittel, den anderen für ein Gespräch zu gewinnen und seine Zustimmung zu bekommen, ist es, von der *eigenen* Schuld zu sprechen.

Die Heilige Schrift sagt: „Ziehe zuerst den Balken aus deinem Auge, danach sieh zu, wie du den Splitter aus deines Bruders Auge ziehst" (Matthäus 7,3-5). Doch genau das tun viele nicht. Sie greifen einander so an:

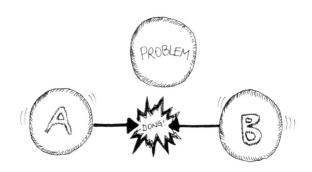

Das schafft aber keine Kommunikation. Wie erreicht man nun, daß Gegner in eine Kommunikation treten? Indem sie zusammen die gleiche Richtung einschlagen und vereint auf das gleiche Ziel hinarbeiten:

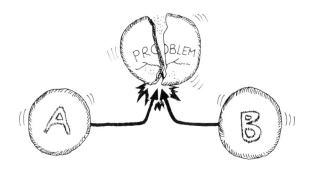

Es ist wirklich erstaunlich, wie rasch und in welchem Ausmaß man eines anderen Zustimmung und seine Mithilfe erhält, wenn man nur als erster sagt: „Ich habe dir Unrecht getan."

Von den eigenen Fehlern sprechen

Wie bekennt man anderen sein eigenes falsches Verhalten? Die Frage mag überraschen. In Wirklichkeit ist dieses Bekenntnis vor anderen Menschen sorgfältig vorzubereiten. Es gibt nämlich auf diesem Gebiet Gefahren und vielerlei Formen von Mißbrauch.
Zunächst ist natürlich wichtig, *was* man sagt. Es gibt nämlich Dinge, die man keinesfalls sagen sollte. Eine falschverstandene „Offenheit" ist fehl am Platze. Man kann nicht einfach frei und offen alles sagen, was einem paßt. Wenn jemand zum Beispiel von einer sexuellen Verfehlung berichtet, sind Einzelheiten weder notwendig noch angemessen.

Die Schilderung aufregender Einzelheiten sexueller „Heldentaten" z.B. ist eher ein Anzeichen dafür, daß die Sünde nicht wirklich bereut wird, sondern im Nachhinein immer noch als Nervenkitzel dient.

– Im allgemeinen sollte man eine stark bildhafte Sprache vermeiden (eine Ausdrucksweise, in die man sich hineinsteigert, die zu Übertreibungen neigt usw.). Man wird gut daran tun, einfache, den Tatsachen entsprechende Worte zu gebrauchen und sich in dem, was zu sagen ist, möglichst kurz zu fassen (vgl. Sprüche 10,19).

– Gute Worte dürfen durch ein schlechtes Benehmen nicht entwertet werden. Das Richtige muß aus dem richtigen Geist heraus getan werden.

– Schuldbekenntnisse werden gern benutzt, um dabei andere zu beschuldigen, z.B.: „Bitte vergib mir, was ich gesagt habe, nachdem du mich mit diesem Trick hereingelegt hattest." Eine „Du-aber-auch"-Einstellung ist aber nicht angebracht. Es geht darum, zuerst den Splitter aus dem eigenen Auge zu entfernen. Erst später kann man auch andere Probleme besprechen.

– Sünden, die man bekennt, kann man nicht zugleich entschuldigen. Die gern benutzte „Obwohl"-Einschränkung ist dafür ein Kennzeichen. „Obwohl ich unter großem Druck stand, hätte ich das vielleicht nicht sagen sollen."

Manche Formulierungen sind uns schon so sehr in Fleisch und Blut übergegangen, daß wir solche Dinge sagen, ohne es überhaupt zu merken. Deshalb ist es sehr hilfreich, wenn man mit einem Berater bespricht und gegebenenfalls einübt, wie das vorgesehene Bekennen von Schuld ablaufen soll.

Wichtig ist, daß man Vergebung sucht und sich nicht „entschuldigt".

Entschuldigen Sie bitte – nicht

Es ist an der Zeit, für jedermann unmißverständlich zu sagen: Die Bibel weist uns an keiner Stelle darauf hin, daß wir uns „entschuldigen" sollen. Im Gegenteil. Dennoch scheinen besonders Christen irgendwie zwanghaft daran festzuhalten, daß sie sich bei Menschen entschuldigen müssen, denen sie Unrecht getan haben. Schluß damit!
„Was um alles in der Welt ist denn verkehrt daran, wenn man sich entschuldigt?"
Grundstäzlich zwei Dinge:
1. Eine Entschuldigung ist der schlechte Ersatz für das, was eigentlich notwendig ist. Wenn wir sagen: „Es tut mir leid", so ist das möglicherweise nur ein Ausweichmanöver. An die Stelle dessen, was die Bibel fordert, um die Entfremdung zwischen Menschen zu verhindern, ist etwas anderes getreten.
„Und was fordert die Bibel?"
Die Vergebung.
Das Bekenntnis der Schuld ist in der Bibel immer damit verbunden, daß der Schuldige Vergebung sucht. Entschuldigen ist dagegen etwas ganz anderes.
Auf die Aussage: „Es tut mir leid" (oder ähnlich) bekommt man in der Regel die vage Antwort: „O das macht nichts!" (oder ähnlich). Solange wir nicht wirklich sagen: „Ich habe dir Unrecht getan, bitte vergib mir!" wird keine der Schwierigkeiten gelöst, von denen wir hier gesprochen haben.
2. Entschuldigungen verführen zu unangemessenen Erwiderungen. Wenn dagegen jemand sagt: „Bitte vergib mir!" hat er den ersten Schritt getan. Jetzt wird von dem anderen eine Antwort erwartet. Die Last der Verantwortung ist vom Schuldigen auf den übergegangen, dem das Unrecht angetan wurde. *Beide* Parteien sind also aufgerufen, die Angelegenheit als beendet zu betrachten. Und die angemes-

sene Antwort lautet: „Ja, ich vergebe dir" (vgl. Lukas 17,3). Wie die Vergebung, die Gott gewährt, ist auch die Vergebung eines Menschen ein Versprechen, das gegeben und eingehalten wird: „Ich gedenke deiner Sünde nicht mehr."
Wenn jemand zu einem anderen sagt: „Ich vergebe dir", so verspricht er damit:

a) Ich werde diese Sache dir gegenüber nie mehr erwähnen.
b) Ich werde diese Sache andern gegenüber nie mehr erwähnen.
c) Ich werde mich mit dieser Sache auch selbst nicht mehr beschäftigen.

Die Antwort: „Ja, ich vergebe dir" ist also mit einer weitgehenden Verpflichtung verbunden. Es ist ein Versprechen, an das man von Menschen und von Gott wieder erinnert werden kann. Wenn es eingehalten wird, führt es dazu, daß die Schuld vergessen wird (nicht vergeben und vergessen, sondern vergeben, um zu vergessen). Eine neue, gute Beziehung zwischen den betroffenen Parteien beginnt.

Eine bloße Entschuldigung ist dafür kein Ersatz, weil sie nicht um eine derartige Zusage bittet und diese deshalb auch in der Regel nicht gewährt wird.

„Es tut mir leid" ist genaugenommen nichts weiter als ein Selbstgespräch, der Ausdruck der eigenen Gefühle. „Ich habe dir Unrecht getan. Bitte verzeihe mir!" ist etwas ganz anderes.

Vom Zorn und Groll

Herr und Frau L. kamen zur Beratung. Sie saß herausfordernd mit verschränkten Armen da, während er nervös auf seinem Stuhl hin und her rutschte. Noch ehe einer von beiden den Mund aufmachte, konnte man erkennen, was in ihnen vorging.

Sie eröffnete das Gespräch mit den Worten: „Mein Arzt hat bei mir Magengeschwüre festgestellt, und ich weiß auch, woher sie kommen."

Ihr Mann saß zusammengekauert und mit gesenktem Kopf da. Sie faßte in eine Art Einkaufstasche und zog ein dickes, engzeilig beschriebenes Manuskript heraus, das sie mit den Worten auf den Schreibtisch des Beraters legte: „*Deshalb* bekomme ich Magengeschwüre."

Schon beim Blättern erkannte der Berater, worum es sich handelte. Es war ein seit dreizehn Jahren geführtes Verzeichnis aller Kränkungen, die Herr L. seiner Frau zugefügt hatte; lückenlos aufgeführt und katalogisiert.

Der Berater sah Frau L. an und sagte: „Ein derartiger Übelnehmer wie Sie ist mir schon seit Jahren nicht mehr begegnet."

Sie sank ein wenig zurück, und Herr L. richtete sich etwas auf.

Der Berater fuhr fort: „Diese Liste führt nicht nur alle Kränkungen auf, die Ihr Mann Ihnen zugefügt hat, sondern ist auch ein Verzeichnis Ihrer Sünde gegen Gott und Ihren Körper. Hier steht schwarz auf weiß, daß Sie im Widerspruch leben zu 1. Korinther 13,4, wo die Bibel sagt, daß die Liebe das Böse nicht zurechnet."

Erst jetzt war eine Grundlage geschaffen, auf der die Probleme angegangen werden konnten. Gewiß mußte Herr L. sich in Zukunft in vielen Dingen seiner Frau gegenüber anders verhalten, doch auch sie mußte sich die falsche Art und

Weise abgewöhnen, mit der sie bisher auf seine Fehler reagiert hatte.

Alle zwischenmenschlichen Probleme müssen noch am selben Tag bereinigt werden, damit sie sich nicht auftürmen und auf andere Gebiete übergreifen. Zorn ist nicht unbedingt falsch, aber „die Sonne soll nicht untergehen über eurem Zorn" (Epheser 4,26).

Was den Zorn anbelangt, so ist es ebenso falsch, ihn zu entladen, wie ihn in sich zu fressen.

Es gibt Psychologen, die schreiben dem Abreagieren eine therapeutische Wirkung zu. So werden die Teilnehmer an gruppentherapeutischen Sitzungen gelegentlich dazu angehalten, ihrer Wut freien Lauf zu lassen. „Brüll dein Gegenüber an, mach ihn fertig! Schlag auf das Kissen ein, wenn du dir dabei deine Mutter vorstellst; hau drauf, bis die Federn fliegen!"

Bei solchen Ratschlägen spielen offenbar immer nur die Gefühle des einen eine Rolle; die, an dem er seine Wut auslassen soll, dagegen keine. Der andere zählt nicht; nicht er, sondern der Ratsuchende soll sich – auf Kosten des anderen – schließlich besser fühlen. Das ist das Gegenteil eines offenen Miteinanders. Das Buch der Sprüche vergleicht einen Mann, der seinem Zorn freien Lauf läßt, mit einer Stadt ohne Schutzmauer.

Abreagieren ist also unchristlich, aber den Groll gegen einen anderen 22 Jahre oder 2 Jahre oder 2 Tage in sich hineinzufressen, ist es auch. Mancher läßt nicht nur die Sonne über seinem Zorn untergehen, sondern auch viele Monde.

Konflikte unter Christen

Versöhnung ist also die Lösung für verkorkste zwischenmenschliche Beziehungen. Was aber, wenn sich einer der beiden Teile nicht versöhnen will? Christus geht auf diese Frage ein. In Matthäus 18 ist davon die Rede.

Zuerst soll der Betroffene privat zum andern gehen und versuchen, die Sache ins Lot zu bringen. Vielleicht muß er ihn mehrmals aufsuchen; es gilt, jeden nur möglichen Versuch zu unternehmen. Erst wenn trotz aller Bemühungen der andere rundweg ablehnt, sich zu versöhnen, kommt es zum zweiten Schritt.

Dann nimmt man einen oder zwei Berater mit und versucht es von neuem. Diese beiden sollten als unparteiische „Schiedsrichter" den Schuldigen zur Umkehr bewegen. Sie suchen Lösungen für die Probleme, die die Trennung verursacht haben. Auch sie bemühen sich – notfalls bei wiederholten Besuchen –, die Versöhnung zuwege zu bringen, bis sie alles getan haben, was in ihrer Macht steht. Wenn alles nichts nützt, sollten sie die ganze Sache als Zeugen vor die Gemeinde bringen.

Nun beginnt die eigentliche „Gemeindezucht". Die Verantwortlichen, die die Gemeinde vertreten, versuchen „öffentlich" – d.h. in ihrer Funktion als Älteste und in der Gegenwart und Autorität Christi – , Versöhnung herzustellen. Wenn es auch den Ältesten nicht gelingt, wenn jedes Mittel versagt, dann muß das Glied aus der Gemeinde ausgeschlossen werden. (Nicht als „Strafe" dafür, daß er z.B. die Ehe gebrochen hat, sondern weil er sich weigert, umzukehren und sich versöhnen zu lassen.) Wo die Versuche zur Versöhnung erfolglos waren, tritt nun die formelle Gemeindezucht in Kraft. Aber auch diese ist auf Versöhnung gerichtet. Der Ausschluß aus der Gemeinde ist kein erstrebenswertes Ziel. Aber selbst dieser Schritt soll den Schuldigen

früher oder später zur Umkehr bewegen. Er ist nun zwar außerhalb der Gemeinde „wie der Heide und Zöllner", aber die Gemeindeglieder werden sich weiter um ihn bemühen – wie sie eben „Heiden und Zöllner" zu gewinnen suchen.
Ein Ratsuchender klagte: „Meine Frau lebt mit einem anderen Mann zusammen, schon seit vier Jahren. Ich habe alles getan, um sie zum Heimkommen zu bewegen. Es gibt nichts, was ich nicht versucht hätte."
„Sie sind zu ihr gegangen, Herr C.?"
„Aber sicher. Immer wieder. Dennoch kommt sie einfach nicht zurück. Aber ich liebe sie trotz allem, was sie getan hat; ich sehne mich nach ihr, und ich bin bereit, ihr zu verzeihen, wenn sie bereut und zurückkommt."
„Sie gingen also zu ihr und hatten keinen Erfolg", fragte der Berater weiter. „Und dann haben Sie natürlich einen oder zwei andere aus Ihrer Gemeinde gebeten, mit Ihnen zu gehen?"
„Nein, wieso?"
„Sie sagten, Sie hätten alles unternommen, was in Ihrer Macht steht. Aber Sie haben offenbar nur den ersten Schritt getan. Die Bibel sagt Ihnen in Matthäus 18, was Sie zu tun haben. Ihre Frau ist immer noch Glied Ihrer Kirche. Bitten Sie also zwei der Ältesten, mit Ihnen zu gehen und mit ihr zu sprechen. Sie haben erst *angefangen* zu tun, was Gott von Ihnen erwartet."
Offensichtlich wurde in der Gemeinde von Herrn C. – wie in so vielen Gemeinden – keine Gemeindezucht praktiziert. Der Berater forderte ihn auf, nicht locker zu lassen, bis er einen oder zwei gefunden hätte, die mit ihm kommen würden.
Schließlich konnte Herr C. zwei ehrenamtliche Mitarbeiter dazu bewegen. Die drei sprachen mit Frau C. In der Folge verließ sie jenen andern und kehrte zu ihrem Mann zurück. Vier Jahre lang hatten sie gelitten, weil Herr C. es versäumt

hatte, Gottes Wort ernst zu nehmen. Natürlich gelingt eine solche Versöhnung nicht immer, aber der Weg, den Jesus den Christen zu gehen heißt, gibt Anlaß zur Hoffnung.

Ein praktischer Vorschlag: Der runde Tisch

Für viele Ehepaare und Familien hat sich die Einrichtung eines „Familienrates" als hilfreich erwiesen. Die Familie soll sich wenn möglich allabendlich zusammen um einen Tisch setzen und ihre Probleme miteinander besprechen. Aus verschiedenen Gründen ist es wichtig, daß ein Tisch da ist. Tische verleihen ein Gefühl der Verbundenheit. Man kann außerdem jederzeit leicht etwas aufschreiben, wenn man am Tisch sitzt. Es braucht zunächst eine gewisse Zeit, bis sich alle um den Tisch gesetzt haben; diese Zeit kann sehr nützlich sein zur Abkühlung der Gemüter. Von einem Tisch läuft man auch nicht so schnell einfach weg.

Wie bei allen Neuerungen kommt es auch hier vor allem auf die Regelmäßigkeit an. Nur wenige Menschen sind gewöhnt, ihre zwischenmenschlichen Probleme täglich zu lösen. Das ist einer der Gründe, weshalb sie Schwierigkeiten haben. Für Menschen, die während langer Zeit im Innern Groll und Bitterkeit genährt haben, ist eine feste Ordnung hilfreich, um alte Gewohnheiten und Verhaltensweisen durch neue zu ersetzen. Eine der aussichtsreichsten Methoden, dies zu tun, besteht darin, daß man eine bestimmte Zeit am Ende jedes Tages dafür freihält.

Es ist auch gut, jeden Abend am selben Tisch zusammenzukommen. Die vertraute Umgebung erleichtert die Einstimmung.

Der Familienrat soll der Platz sein, wo die Familie (oder das Ehepaar) miteinander auf christliche Weise Probleme bespricht und löst. Etwas anderes soll bei dieser Gelegenheit nicht geduldet werden (vor allem nicht Streit oder scharfe Worte). Nach einiger Zeit (in der Regel nach drei bis vier Wochen) wird die Familie merken, daß sich schon beim Hinsetzen die rechte Gesprächsstimmung einstellt.

Die Regeln für den Familienrat müssen einfach sein.

Zu Anfang sagt jeder, wie er den Schwierigkeiten des Tages

begegnet ist. (Zuerst erwähnt er seine eigenen Fehler und nimmt damit oft Anklagen vorweg, die andere am Tisch gegen ihn richten wollten.) Er beginnt, indem er den andern sagt, wo er sich ihnen gegenüber falsch verhalten hat, daß er eifersüchtig oder verärgert war, daß er boshaft gehandelt hat usw.
Auch Fehler, die er gegenüber Menschen außerhalb der Familie begangen hat, erwähnt er und bittet um Rat und Hilfe in solchen Angelegenheiten.
Zuerst also gesteht jeder seine Sünden ein und bittet um Vergebung und Hilfe, damit ähnliche Probleme in Zukunft vermieden werden können.
Sobald man beginnt, von sich zu sprechen und die Aufmerksamkeit auf seine eigenen Fehler, Ängste und Sünden lenkt, kommt das Gespräch in Fluß. Wenn man damit anfangen würde, einem andern am Tisch vorzuhalten, was er falsch gemacht hat, geriete man leicht aneinander, und das Gespräch wäre blockiert. Wenn man aber zuerst seine eigenen Probleme ans Licht bringt, handeln die andern oft ebenso. Die Atmosphäre sollte so sein, daß jeder es leicht hat, über seine Schwierigkeiten zu sprechen.
Vergißt jemand während des Familienrats die Regeln, erhitzen sich die Gemüter und beginnt einer zu disputieren, dann muß etwas unternommen werden. Für solche Fälle sollte man vorher miteinander ein Signal vereinbaren. Sobald einer am Tisch merkt, daß etwas nicht läuft, wie es sollte, kann er sich zum Beispiel erheben und schweigend an seinem Platz stehenbleiben. Dieses vereinbarte Signal informiert alle, daß einer der Meinung ist, am Tisch würden die Regeln nicht mehr beachtet.
All das kann zunächst unnatürlich und schwierig aussehen. Ja, man findet vielleicht die ganze Prozedur albern. Vieles, was uns heute auf anderen Gebieten ganz natürlich erscheint, war am Anfang aber genauso seltsam. Man erinnere sich nur daran, wie albern man sich vorkam, als man

zum ersten Mal versuchte, Rad zu fahren: ganz unnatürlich!

Eheleute entdecken oft, daß viele Schwierigkeiten im Schlafzimmer von Problemen herrühren, die am Tag nicht gelöst wurden. Der tägliche Familienrat bewirkt oft eine grundlegende positive Veränderung auch auf diesem Gebiet.

Ein Ehepaar kam mit dem ältesten Sohn zur Beratung, „weil sie mit ihm überhaupt nicht mehr reden konnten". Der Berater stellte fest, daß echte Kommunikation zwischen Eltern und Kindern nie bestanden hatte. Er erklärte dem Ehepaar die Regeln des Familienrates. Sie zweifelten an der Durchführbarkeit eines solchen Gesprächs und an seinem Wert überhaupt. Der Berater eröffnete daraufhin noch während der Sitzung ein solches Gespräch und leitete die Unterredung zwischen Eltern und Kindern.

Der Austausch war bald so lebhaft, daß die Mutter sagte: „Ich hatte keine Ahnung, daß mein Junge solche Ansichten vertritt." Und der Vater bemerkte: „Ich bin sehr erstaunt über das, was er zu sagen hat."

Das Gespräch nahm einen so guten Verlauf, daß der Seelsorger bald nur noch zuhörte. Nach einer Weile wurde die Familie nach Hause entlassen mit dem Auftrag, das Gespräch weiterzuführen. Nach einer Stunde rief die Mutter an und sagte: „Wir sitzen noch immer beisammen und haben ein gutes Gespräch. Die einzige Schwierigkeit ist, daß unsere Tochter auch mitmachen will. Sie kennt die Regeln aber noch nicht. Würden Sie ihr bitte alles erklären?"

Seither ist in dieser Familie das Gespräch nicht mehr abgebrochen.

Brunnen-Lebenshilfe-Lebensberatung

Helmut Donsbach
Vergeben – nicht nur eine Frage des guten Willens
24 Seiten. Geheftet
Bestell-Nr. 3-7655-5173-2

Der Schlüssel zu harmonischen und guten Beziehungen liegt in der Fähigkeit zu vergeben. Aber dazu gehört mehr als nur guter Wille. „Einfach vergeben" – das ist oftmals gar nicht so einfach.
Helmut Donsbach, Theologe und Eheberater, zeigt auf, welche Hindernisse der Vergebung im Weg stehen können und wie Schritte zu umfassender Versöhnung aussehen.

Claudia und David Arp
Gemeinsam schaffen wir's
Wie Unterschiede in der Partnerschaft
zum Gewinn werden
24 Seiten. Geheftet.
Bestell-Nr. 3-7655-5178-3

Claudia und David Arp zeigen, daß gerade in der Gegensätzlichkeit der Partner eine große Chance für ein glückliches Miteinander steckt. Es gilt, die eigenen Stärken und Schwächen zu erkennen. Das Ziel ist, die jeweiligen Stärken beider Partner zum Nutzen des Ganzen einzusetzen. Für Paare, die ihre unterschiedlichen Begabungen zu einer harmonischen Ergänzung führen wollen, bietet dieses Heft praktische und hilfreiche Anregungen.

BRUNNEN VERLAG GIESSEN

Howard und William Hendricks
Man(n) braucht Freunde
Persönlich wachsen durch lebendige Beziehungen
216 Seiten. ABCteam-Paperback
Bestell-Nummer 3-7655-1132-3

Immer häufiger fragen sich junge und auch ältere Männer: „Wo finde ich jemanden, der mehr Erfahrung hat und mehr weiß als ich selbst und der mir hilft, meinen Weg zu finden?" Und das gilt in Fragen des Berufs gleichermaßen wie in akuten Lebenskrisen oder für das Leben als Christ ganz allgemein.
Zugleich sind offenbar zu viele Männer zu schüchtern, um solche Hilfe zu erbitten – oder einem anderen anzubieten.
Howard und William Hendricks (Vater und Sohn) beschreiben, wie man einen Mentor findet oder zu einem wird. Sie schildern anhand vieler Beispiele und sehr praktisch, worauf es bei solchen Freundschaften ankommt und wie das Leben dadurch verändert werden kann.

„Weil Männer sehr oft ohne wirkliche Freunde leben, haben sie Identitätsprobleme und sind unfähig geworden, ihre von Gott gegebene Verantwortung zu übernehmen. ... Dieses Buch gibt praktische Anleitung, wie Männer echte und tragfähige Beziehungen aufbauen und vertiefen können." Roland Bladt

BRUNNEN VERLAG GIESSEN